Man soll den Bissen
nicht größer nehmen
als der Mund ist.

Böhmisches
Kochbüchlein

zusammengestellt von
Friderun Bodeit

BuchVerlag
für die Frau

Rezept Kümmel-Kotelett
zum Foto S. 2 auf S. 80

ISBN 3-932720-72-5

Kochen und Anrichten der Speisen:
Friderun Bodeit und
Brigitte Weibrecht
Fotos: Brigitte Weibrecht
Einbandgestaltung: Lore Jacobi
Satz und Reproduktion:
publishing SERVICE GmbH
Gesamtherstellung:
Salzland Druck GmbH & Co. KG

Printed in Germany

Inhalt

Bodenständig, aber mit Charme!

Nur wenige Schritte hinter dem Erzgebirge beginnt das Böhmerland mit seiner alten Kultur, seinen Wiesen und Wäldern, Dörfern, Städten und weltberühmten Bädern *und* mit seiner unverwechselbaren Küche! Getreide, Hülsenfrüchte, alles aus Milch, Eiern, Obst und Gemüse, Hopfen, Schweinefleisch, Enten und Gänsen – das sind die wesentlichen Zutaten, die die böhmische Küche ausmachen. Auch Gänse? Die sieht man in Gedanken doch eher über polnische als über böhmische Wiesen watscheln! Weit gefehlt; schon Meyers Konversationslexikon von 1898 weist aus: Die Gänsezucht ist in Böhmen „sehr bedeutend“. Lassen wir uns also belehren und wissen nun, woher gute und originelle Rezepte für Gans und Ente kommen, (zum Beispiel mit Graupen und Erbsen!). Die Mischung zwischen Bodenständigem und Raffiniertem ist nicht schlecht; zumindest dem Gaumen behagt sie und gewiß auch der Figur – falls einer oder eine etwas zulegen möchte ...! Maßvoll genossen ist besser als maßlos geschlemmt – das ist der Schlüssel zur köstlichen böhmischen Küche. Man kann sich durchaus all dem Leckeren widmen, sich Gänsebraten, Knödel mit Schweinefleisch und süß-saurem Kraut einverleiben, darf der Mohnrolle seine Referenz erweisen und den Kindern beim Verzehren der köstlichen Buchteln mit Vanillesoße zuschauen. Zum Mittagessen ein oder zwei Pils nicht vergessen! Und: wie solch legendäre Spezialität wie der Apfelstrudel hergestellt wird, steht auf Seite 32!

Germknödel mit Mohn

500 g Weizenmehl, 40 g Hefe,
1 Eßl. Honig,
200 ml lauwarme Milch,
1 mittelgroßes Ei, Salz,
1 Messerspitze gemahlene
Vanilleschote,
50 g weiche Butter,
200 g eingeweichte
Kurpflaumen ohne Kern,
2 Eßl. Zwetschgenwasser,
½ Teel. Zimt,
1 Prise gemahlene Nelken.
Zum Bestreuen:
150 g Butter,
200 g frisch gemahlener Mohn
3 Eßl. Ahornsirup.

Aus Mehl, Hefe, Honig, Vanille, Butter und etwas Milch einen Teig kneten. 15 Minuten gehen lassen. Das Ei mit der restlichen Milch verquirlen, eine Prise Salz hinzugeben, diese Mischung zum Teig geben und kräftig verarbeiten. Evtl. noch etwas Mehl dazugeben. 20 Minuten gehen lassen. Die eingeweichten Pflaumen abgießen, mit Zwetschgenwasser, Zimt und Nelken pürieren, bis die Konsistenz von Marmelade erreicht ist. (evtl. einige Tropfen Einweichwasser dazugießen). Aus dem Hefeteig zwei gleich große Rollen formen und diese in je

6-8 Stücke schneiden. Jedes Teigstück platt drücken, in die Mitte etwas Pflaumenmasse geben, den Teig zusammendrücken und einen Knödel formen. Zugedeckt 10 Min. gehen lassen. In zwei breiten Töpfen schwach gesalzenes Wasser zum Kochen bringen, alle Knödel auf einmal ins Wasser geben, aufkochen, etwa 15 Min. ziehen lassen. Die fertigen Knödel mit heißer Butter beträufeln und mit Mohn bestreuen. Ein paar Tropfen Ahorsirup drauf!
Dazu Kompott servieren.
(Einbandfoto)

Hefeklöße

30 g Bäckerhefe,
$\frac{1}{4}$ l Milch, 500 g Mehl,
2 mittelgroße Eier,
50 g Zucker,
50 g Butter, Salz,
abgeriebene Zitronenschale
von 1 Zitrone.

Die zerbröckelte Hefe in der lauwarmen Milch verrühren, das Mehl sieben und die Hefe-Milch in eine Vertiefung des aufgeschütteten Mehles geben. Langsam Eier, Zucker, zerlassene Butter und die Zitronenschale dazugeben, alles zu einem Teig verarbeiten. Mindestens 1 Stunde warm gestellt gehen lassen. Gut durchkneten, Klöße formen und nochmals gehen lassen, bis sie schön glatt aussehen. In siedendem Wasser zugedeckt 10 Min. leise kochen lassen, dabei die Klöße einmal wenden. Nach dem Herausnehmen sofort mit 2 Gabeln aufreißen. Hefeklöße können auch auf dem Sieb über siedendem Wasser – mit einem Deckel zugedeckt – gegart werden.

Knödel

120 g Butter, 4 mittelgroße Eier, 1/4 l Milch (evtl. noch nachgießen), 1 Prise Salz, 500 g Mehl, 200 g Brötchen, 30 g Bratfett.

Die Butter schaumig schlagen, Eigelb zugeben, gut verrühren. Die leicht erwärmte gesalzene Milch abwechselnd mit dem Mehl in die Butter-Eigelb-Masse rühren, den Teig gut durcharbeiten. Die Brötchen würfeln, im Fett rösten und unter den Teig geben. Zuletzt den gut geschlagenen Eischnee unterheben. Eine nasse, gut

ausgewrungene Serviette auf einen Durchschlag legen, den Teig darauf geben und die Serviette zu einem Beutel binden. An einem Quirlstiel in reichlich siedendes Salzwasser hängen und 1 Stunde leicht kochen. Den fertigen Knödel auf eine Platte legen und mit einem Zwirnsfaden durchschneiden. Zu gut durchwachsenem und kräftig gewürztem Schweinebraten und Gemüse reichen.

Grießklöße

¾ l Milch, Salz,
2 Eßl. Butter,
250 g Grieß,
2 mittelgroße Eier,
Muskat, gerieben,
50 g Weißbrot.

Die Milch mit einer Prise Salz und 1 Eßl. Butter aufkochen. Den Grieß langsam einstreuen, die Masse leicht kochen lassen, dabei gut rühren, bis sich der Kloßbrei vom Topfboden löst. Abkühlen lassen, die verquirlten Eier mit einer Messerspitze Muskat untermengen. Das gewürfelte Weißbrot in der restlichen Butter rösten. Den Teig achteln, mit nassen Händen Klöße formen, je einen Weißbrotwürfel einlegen. In siedendem Salzwasser 5 Minuten leicht kochen und 12 Minuten ohne Wärmezufuhr ziehen lassen.

Pilz- oder Porreeklöße

500 g Waldpilze, 3/8 l Milch, Salz, 20 g Butter, 125 g Grieß, 1 Ei, etwas geriebener Muskat.

Die geputzten Pilze kleinschneiden und dünsten. Milch, eine Prise Salz und Butter aufkochen, Grieß einstreuen und unter Rühren ausquellen lassen. Pilze, geschlagenes Ei und Muskat zufügen. Den Teig gut durcharbeiten, kleine Klöße formen, in siedendem Salzwasser aufkochen, 15 Min. ziehen lassen. Ist der Teig zu dünn, etwas Grieß zugeben. Statt Pilzen kann man Porree verwenden.

Quarkklöße

800 g Quark, 120 g Grieß,
Salz, 4 Eier,
120 g Schmalz,
180 g Semmelbrösel,
30 g Butter, 0,3 l saure Sahne,
frische Heidelbeeren
als Beigabe.

Den Quark passieren, Grieß, 1 große Prise Salz und die Eigelb zufügen, gut verrühren. Das Eiweiß zu steifem Eischnee schlagen, vorsichtig unter die Quarkmasse ziehen, diesen Teig eine reichliche ¾ Stunde ruhen lassen. Inzwischen in einem großen

Topf reichlich Salzwasser zum Kochen bringen. Wenn das Wasser siedet, einen Probekloß bei mäßiger Hitze etwa 12 Min. kochen, bis er an die Oberfläche kommt. Ist der Kloß zu weich oder zerfällt er, dem Teig noch etwas Grieß oder Mehl zufügen. Ist der Kloß zu fest, etwas Quark unterkneten. Dann die übrigen Klöße im Salzwasser kochen. Inzwischen die Semmelbrösel in Schmalz goldbraun rösten; die Butter zuletzt zugeben.

Die Knödel mit frischen Heidelbeeren oder anderem saftarmem Obst servieren.

Speckknödel mit Gemüse
(für 5-6 Personen)

300 g Speck, 10 Brötchen,
¼ l Milch, 3 mittelgroße Eier,
Salz, 300 g Mehl,
400 g Mischgemüse,
1 Teel. Mehl, 20 g Butter,
1 Eßl. Petersilie.

Den Speck kleinwürflig schneiden und braten, bis er durchsichtig ist. Die Brötchen würflig schneiden, in eine Schüssel geben und den Speck darübergießen, umrühren, etwas stehenlassen, damit die Brötchen sich vollsaugen können. Milch und Eier miteinander verquirlen, etwas Salz hinzufügen und über die Semmelmasse schütten. Umrühren und langsam das Mehl hineingeben, gut durchkneten. Einen großen Topf Salzwasser zum Kochen bringen, die geformten Knödel hineingeben und in leicht kochendem Wasser etwa 15-20 Min. garen. Das gegarte Gemüse leicht salzen, erhitzen, die aus Mehl und Butter hergestellte Mehlschwitze unterrühren, nochmals aufkochen lassen. Petersilie darübergeben.

Kleine angebratene Partywürstchen passen zu den Speckknödeln.

Böhmische Semmelknödel

300 g Grieß, 300 g Mehl,
1 Teel. Backpulver,
3 mittelgroße Eier, 50 g Butter,
Salz, 200 g Weißbrot.

Aus Grieß, Mehl, Backpulver, Eiern, 20 g Butter, 1 Prise Salz und 1/4 l Wasser einen Teig bereiten. Das gewürfelte Weißbrot in der restlichen Butter goldgelb rösten und abgekühlt unter den Teig arbeiten. Eine Rolle von ca. 8 cm Durchmesser formen, mind. 45 Min. in siedendem Wasser ziehen lassen. Knödel abtropfen und in Scheiben schneiden.

Teigfleckerl (Nudeln)

350 g halbgriffiges oder normales Mehl, 2 Eier, 1/8 l Wasser, Salz, 30 g Butter, Ketchup.

Das Mehl auf ein Holzbrett sieben, in der Mitte anhäufeln, eine Vertiefung hineindrücken. Die Eier mit etwas Mehl und dem Wasser (nicht gleich alles Wasser) verrühren, in die Vertiefung gießen, langsam dabei alles verrühren und mit dem Mehl verarbeiten. Den Teig sehr gut durchkneten, bis er geschmeidig ist und nicht mehr klebt. Gar nicht oder nur wenig salzen! Aus dem Teig 3 Kugeln formen und zugedeckt 1/2 Stunde ruhen lassen. Jedes Teigstück zu einem dünnen Fladen ausrollen, auf ein bemehltes Tuch legen; wenn der Teig getrocknet ist, wenden. Dann in schmale lange Streifen schneiden, übereinander legen und gleichmäßig quer in Nudeln schneiden, die nochmals trocknen müssen. Nicht in Ofennähe oder Sonne trocknen, sonst bröckeln die Nudeln! In Salzwasser 10-12 Min. leicht kochen, abseihen, mit kaltem Wasser kurz abschrecken. In Butter schwenken.

Apfelstrudel

Grundrezept:
300 g Mehl,
Salz, 1 Ei,
1 Teel. Essig,
10 g Butter,
2 Eßl. zerlassene Margarine.

Das gesiebte Mehl mit einer Prise Salz vermischen. Das in 200 ml lauwarmem Wasser verquirlte Ei, den Essig und die zerlassene Butter langsam dem Mehl zugeben und zu einem Teig verarbeiten. Die Zutaten ohne weitere Mehlzugabe so lange kneten, bis der Teig nicht mehr klebt, dabei mehrmals den Teig auf ein Brett schlagen. Aus dem gut durchgearbeiteten Teig einen Laib formen, auf ein mit Mehl bestäubtes Brett legen, mit einer erwärmten Schüssel bedecken und 30 Min. rasten lassen. Dann den Teig auf einem bemehlten Tuch mit dem Nudelholz leicht ausrollen. Die Hände mit Margarine einfetten, damit der Teig nicht an ihnen klebt, mit dem Handrücken nach oben unter den Teig fassen, vorsichtig den Teig anheben und so weit auseinanderziehen, bis der Teig ganz dünn ist. Die dicken Ränder abschneiden und den Teig eine

Weile trocknen lassen, dann mit dem Rest der Margarine beträufeln und füllen. Die Originalfüllung besteht aus einer Apfelmasse, es gibt aber auch Mohn- und andere Füllen.

Apfelfülle:
150 g Butter,
100 g Semmelmehl,
1 kg Äpfel, 200 g Zucker,
½ Teel. Zimt,
100 g Rosinen,
Puderzucker zum Bestreuen.

Die Hälfte des Strudelteiges (mit der Margarine beträufelt) mit Semmelmehl bestreuen.

Die andere Hälfte des Teiges mit geschälten und geraspelten Äpfeln, Zucker, Zimt und den Rosinen bestreuen und mit etwa 60 g zerlassener Butter beträufeln, die Teigränder nach oben schlagen und durch Anheben eines Tuches den ausgerollten belegten Teig vorsichtig einrollen. Den Strudel auf ein gefettetes Blech legen, die Oberfläche mit dem Rest der Butter bestreichen und in einer gut vorgeheizten Röhre backen. Den fertigen Strudel mit Puderzucker bestreuen und nach dem Abkühlen in dicke Scheiben schneiden.

Käsestrudel

200 g Mehl, 2 Eigelb,
Salz,
3 Eßl. Öl.

Füllung:
2 Eigelb, 2 Eiweiß,
60 g Zucker,
2 Eßl. Zitronensaft,
400 g Frischkäse,
250 g Magerquark,
3 kleine Äpfel,
60 g Rosinen,
Mehl zum Ausrollen,
Fett zum Bestreichen.

Das Mehl mit einem Eigelb, einer Prise Salz und 1/8 l lauwarmem Wasser sowie dem Öl zu einem Teig verarbeiten. Eine Kugel formen, 30 Min. zugedeckt ruhen lassen. Das Eiweiß steif schlagen, 2 Eigelb mit Zucker und Zitronensaft aufschlagen. Die Äpfel schälen, kleinschneiden, mit dem Käse und dem Quark unter die Eigelb mischen, das Eiweiß unterheben. Den Teig auf einem bemehlten Tuch ausrollen, bis er ganz dünn ist. Die Füllung darauf verteilen, mit Rosinen bestreuen, aufrollen. Mit Eigelb bestreichen und etwa 30 Min. bei 225 °C backen.

Hefeteige

I.

500 g Mehl, 1 Prise Salz,
¼ l Milch, 40 g Hefe,
70 g Zucker,
70 g Butter.

Vorteig:

Die Hefe zerbröckeln, mit 1 Teel. Zucker, 1 Teel. Mehl, Salz und etwas lauwarmer Milch glattrühren. In die Teigschüssel das Mehl geben, in die Mitte mit einem Kochlöffel eine Vertiefung eindrücken, den Vorteig hineingeben und etwa 15 Min. gehen lassen.

Hauptteig:

Während der Vorteig geht, wird die Milch leicht erwärmt, das Fett flüssig gemacht. Dann den Vorteig mit dem Mehl vermischen, nach und nach Butter und Milch dazugeben und den Teig mit dem Holzlöffel so lange schlagen, bis er sich von der Schüssel löst. Den gegangenen Teig gut durchkneten und nochmals etwa 10 Min. zugedeckt gehen lassen.

II.

500 g Mehl,
30 g Hefe,
reichlich 1/8 l Milch,
1 Prise Salz,
125 g Butter,
125 g Zucker,
1 großes Ei.

Vorteig:
Wie unter I. zubereiten.
Inzwischen Butter und Zucker mit dem Ei schaumig rühren. Vorteig, Schaummasse und Mehl zu einem lockeren Teig verarbeiten. Dieser Hefeteig eignet sich besonders für Formkuchen.

Kugeln aus Hefeteig

450 g Mehl, 1 Prise Salz,
90 g Butter, 40 g Hefe,
20 g Zucker, etwas Milch,
Eigelb zum Bestreichen,
Puderzucker zum Bestäuben.

Das Mehl durchsieben, Salz, die zerlassene Butter und die in ein wenig Milch etwa 10 Min. gegangene Hefe zugeben und mit dem Zucker und der Milch zu einem festen Teig verarbeiten. Aus dem Teig kleine Kugeln formen, auf ein gefettetes Blech legen, mit Eigelb bestreichen und in der vorgeheizten Röhre goldgelb backen. Mit etwas zerlassener Butter leicht bestreichen und sofort mit Puderzucker überstäuben.

Warm essen!

Die Kugeln aus Hefeteig lassen sich mit einem Klecks Marmelade verfeinern.

Hefeteig wird beim Gehen (Ruhen) mit einer erwärmten Schüssel abgedeckt, oder es wird eine Tortenhaube darüber gestellt. So ist der Teig vor Zugluft geschützt und geht besser.

Biskuitspeise

Biskuitteig von 3 Eiern,
3 Eßl. Wasser, 150 g Zucker,
150 g Mehl, 25 g Stärkemehl,
1 Prise Salz, 1/2 Teel. abge-
riebene Zitronenschale;
2 Eßl. Rum,
30 g Rosinen oder gehackte
Nüsse, 1/4 l Schlagsahne,
Vanillezucker, 100 g Kakao,
3 Eigelb, 50 g Zucker,
3 Eßl. süße Sahne.

Mit einem Teel. Stückchen von dem gebackenen Biskuitteig abstechen und in Glasschalen verteilen. Mit Rum beträufeln und mit Rosinen oder Nüssen

ZIMMT

überstreuen. Die Schlagsahne steif schlagen, mit Vanillezucker abschmecken, Kakao, Eigelb, Zucker und Sahne über mäßigem Feuer warm schlagen, bis zum Erkalten weiterschlagen. Diese Soße über den Biskuitteig gießen.

Die Schlagsahne dazu servieren.

Mohnrolle

450 g Mehl,
70 g Schweinefett,
80 g Butter, 10 g Hefe,
50 g Puderzucker,
knapp 1/8 l Milch,
2 Eigelb, Salz,
Abrieb einer gut
gereinigten Zitronenschale,
Eigelb zum Bestreichen,
Puderzucker zum Bestreuen.

Mohnfülle:
150 ml Milch,
170 g Puderzucker,
240 g Mohn, Abrieb einer gut
gereinigten Zitronenschale,
3 Nelken, 100 g Rosinen.

Zum gesiebten Mehl das zerkleinerte Schweinefett und die leicht angewärmte Butter geben. Die Hefe sowie den Puderzucker in der Milch auflösen, nicht gehen lassen, sondern sofort dem Mehl zugeben.

Die Eigelb, etwas Salz sowie die Zitronenschale zugeben und den Teig gut durcharbeiten. An einem kalten Platz etwa 3 Stunden ruhen lassen. Auf einem mit Mehl bestäubten Brett drei Teigplatten ausrollen, jede mit der Mohnfülle bestreichen, einrollen und auf ein gefettetes Blech in Form eines Hufeisens legen. Den Teig noch etwa

30 Min. auf dem Blech gehen lassen. Die gegangenen hufeisenförmige Rollen mit Eigelb bestreichen und für eine Weile kalt stellen. Dann bei mäßiger Hitze backen und nach dem Auskühlen mit Puderzucker bestreuen.

Mohnfülle:

Milch mit Puderzucker aufkochen lassen, in die kochende Milch den gemahlenen Mohn, die Zitronenschale, die gestoßenen Nelken und die Rosinen geben. Gut verrühren, vom Feuer nehmen und auskühlen lassen.

Grießdunstkoch

½ l Milch, Salz, 150 g Grieß,
100 g Butter, 5 Eier,
120 g Zucker,
etwas abgeriebene Zitronenschale, ¼ l Sauerkirschsaft,
1 Eßl. Kartoffelmehl.

Milch zum Kochen bringen, leicht salzen, den Grieß rasch einrühren, weiterrühren, bis ein dicker Knödel entstanden ist. Die Butter mit dem Eigelb, dem Zucker und der Zitronenschale verrühren. In der Zwischenzeit kühlt der Grießdunstkoch ab; Eiweiß zu festem Eischnee schlagen und unter die Grießmasse rühren. Dieses Gemenge in eine gut ausgefettete und mit etwas Zucker bestreute Puddingform geben. Im Wasserbad etwa 1 Stunde bei geschlossenem Deckel garen. Den Sauerkirschsaft erhitzen, evtl. nachsüßen und mit dem in wenig Wasser angerührten Kartoffelmehl andicken.

Den Grießpudding stürzen und mit dem Fruchtsaft servieren.

Buchteln

120 g Butter, 50 g Zucker,
4 Eigelb
von mittelgroßen Eiern,
20 g Hefe, Salz,
abgeriebene Schale von
einer gut gereinigten Zitrone,
500 g halbgriffiges
(oder normales) Mehl,
¼ l Sahne,
Erdbeer- oder
Sauerkirschkonfitüre,
125 g Butter zum Bestreichen,
Vanillezucker zum Bestreuen.

Butter und Zucker schaumig rühren; nach und nach die Eigelb zugeben. So lange rühren,

bis die Masse weißlich wird. Dann das Hefestück (s. Buchteln, gefüllt, S. 57) zugeben, Salz, abgeriebene Zitronenschale und abwechselnd Mehl und Sahne untermischen. Zu einem glatten Teig verarbeiten und ca. 1 Stunde zugedeckt gehen lassen. Kleine Buchteln formen, mit Konfitüre füllen und in eine gefettete Buchtelform oder Pfanne legen. Jede Buchtel mit Butter bestreichen, nochmals 15 Min. gehen lassen und im erhitzten Ofen goldgelb backen. Warm mit Vanillezucker oder -soße servieren.

Buchteln, gefüllt

20 g Hefe, 50 g Zucker,
$^1/_4$ l Milch, 500 g halbgriffiges
oder normales Mehl,
1 Päckchen Vanillezucker,
Salz, abgeriebene Schale einer
gut gereinigten Zitrone,
2 Eigelb, 50 g Margarine,
100 g Butter zum Bestreichen,
feiner Zucker oder Puder-
zucker zum Bestreuen.

In einem Töpfchen die Hefe mit 1 Teel. Zucker, 2 Eßl. Milch und 1 Eßl. Mehl zu einem dünnflüssigen „Hefestück“ verrühren und gehen lassen.
In eine Schüssel Mehl und

Zucker sieben, Vanillezucker, Salz, Zitronenschale, das Hefestück und abwechselnd lauwarme Milch mit den verquirlten Eigelben, Mehl und der zerlassenen Margarine geben. Mit einem Holzlöffel zu einem glatten Teig verarbeiten, bis sich Blasen bilden. Zugedeckt 1 Stunde gehen lassen. Den Teig in gleich große Stücke schneiden. Aus diesen Teigstücken kleine Plätzchen formen, in die Mitte etwas Füllung geben (s. nachstehend), die Enden zusammendrücken und mit der „Naht" auf den Boden einer gefetteten Pfanne legen.

Jede Buchtel von allen Seiten mit flüssiger Butter bestreichen, bevor eine andere Buchtel daneben gelegt wird. Wenn die Pfanne gefüllt ist, alle Buchteln nochmals mit Butter bestreichen und etwa 45 Min. in der erhitzten Röhre backen. Die Buchteln – die Teigmenge reicht für etwa 25 Stück – auf ein Brett stürzen, gegebenenfalls auseinandertrennen und jede mit Zucker bestreuen.

Mohnfülle:

150 g Mohn, 1/3 l Milch,
80 g feiner Zucker, 20 g Butter,
1 Prise gemahlener Zimt.

Den Mohn mahlen, mit Milch, Zucker und Butter verrühren, in einer kleinen Kasserolle mit etwas Wasser dünsten, von Zeit zu Zeit umrühren. Zimt zufügen. Fülle mit einem Teel. Rum abschmecken.

Gehacktesfülle:

150 g Gehacktes mit feingewürfelter Zwiebel, Salz, Pfeffer und gehacktem Kümmel anbraten, mit Mehl bestäuben, etwas Brühe aufgießen und 10 Min. leise kochen lassen.

Wer's scharf liebt, bestreut das Gehackte mit Paprikapulver. Sauerkraut schmeckt auch dazu.

Brötchenkrapfen

5 große Brötchen oder 500 g Weißbrot, 1/4 l Milch, 4 Eier, Salz, 200 g geriebener Käse, 50 g halbgriffiges (oder normales) Mehl, 150 g Kokosfett.

Die Brötchen in Scheiben schneiden. Die Eier mit der Milch verschlagen, eine Prise Salz, den geriebenen Käse und Mehl (nach Bedarf) zugeben und zu einem Teig verrühren; er darf nicht zu fest sein. Die Semmelscheiben in den Teig tauchen und sofort auf beiden Seiten in siedendem Fett ausbacken. Schmeckt vorzüglich zu Buttergemüse mit Kräutern.

Brötchenpfanne

500 g Weißbrot, altbacken, $^3/_4$ l Milch, 2 bis 4 Eier, Salz, 50 g Margarine.

Die Rinde des Brotes abreiben und Brot zusammen mit den Eigelb in der leicht gesalzenen Milch einweichen. Nach einer Stunde das zu Schnee geschlagene Eiweiß unterziehen. Die Masse in eine gut gefettete Form füllen, mit Margarineflöckchen belegen und bei guter Mittelhitze backen.

Kolatschen mit Kartoffeln

400 g Mehl, 200 g gekochte geriebene Kartoffeln, 1 Päckchen Vanillezucker, 300 ml Milch, 20 g Hefe, 30 g Butter, 1 Ei, 3 bis 4 Eßl. feine Konfitüre, Eigelb zum Bestreichen, Puderzucker zum Bestreuen.

In das durchgesiebte Mehl die geriebenen Kartoffeln, Vanillezucker, die in der Milch etwa 15 Min. gegangene Hefe zusammen mit der zerlassenen (aber nicht heißen) Butter und dem Ei geben. Den Teig gut durcharbeiten, etwa 30 Min. gehen

lassen. Anschließend auf einem mit Mehl bestäubten Brett ausrollen und Vierecke schneiden. Die Ecken leicht ausziehen, in die Mitte der Vierecke etwas Konfitüre geben, die Ecken darüber zusammendrücken. Die Kolatschen auf ein gefettetes Blech legen, eine Weile gehen lassen, mit Eigelb bestreichen und in der vorgewärmten Röhre backen. Mit Puderzucker bestreuen, warm essen!

Bei seinem Kuraufenthalt in Böhmen ließ sich auch Goethe die berühmten Kolatschen schmecken.

Liwanzen

600 g Mehl,
3/4 l Milch, 2 Eigelb,
50 g zerlassene Butter,
1 Eßl Zucker,
1 Prise Salz,
20 g Hefe, 2 Eiweiß,
50 g Butter,
Zucker und Zimt
zum Bestreuen.

Das Mehl mit der Milch, von der etwas zum Auflösen der Hefe erwärmt wird, den Eigelb, der Butter, dem Zucker und Salz sowie der Hefe gut vermengen; das Eiweiß zu Schnee schlagen und unter den Teig geben. Etwa 20 Min. gehen lassen. In das am Herd erwärmte und mit Butter bestrichene Dalgenblech mit einem Löffel Häufchen von dem Teig geben und auf beiden Seiten schön braun backen. Die fertigen Liwanzen in eine vorgewärmte Schüssel geben, neue Liwanzen auf dem Dalgenblech backen. Wenn der Teig verbacken ist, über die in der Schüssel liegenden Liwanzen die flüssige Butter gießen und Zucker und Zimt darüberstreuen. Man kann die Liwanzen auch mit Marmelade bestreichen und jeweils zwei zusammenklappen.

Scheitenhaufen

12 bis 13 Brötchen vom Vortag,
1/3 l Milch, 1 kg Äpfel,
50 g Butter, 50 g Zucker,
1 Eßl. gemahlener Zimt,
60 g Rosinen, 4 große Eier,
5 gehackte süße Mandeln.

Brötchen in Streifen schneiden, mit Milch beträufeln. Pfanne ausfetten, eine Schicht Semmelteig hinein, darauf kleingeschnittene Äpfel, Zucker, Zimt, Rosinen, Mandeln. Dann wiederholen. Mit Brötchen abschließen. Eigelb mit Milch verquirlen, darübergießen. Butterflocken aufsetzen, 1 Std. backen.

Gänsebraten

1 Gans, bratfertig, Salz,
500 g kleine leicht
säuerliche Äpfel,
2 Sträußchen Beifuß,
2 Teel. Stärkemehl.

Die Gans waschen, gut abtrocknen und mit Salz ausreiben. Die Äpfel und ein Sträußchen Beifuß in die Gans legen und die Öffnung – wie auch die vom entfernten Hals – zunähen. Mit $^1/_4$ l bis $^1/_2$ l Wasser die Gans mit der Brustseite nach unten ansetzen und mindestens 1 Stunde zugedeckt dünsten lassen, damit sich das Fett lockert. Dann aufgedeckt in der Röhre braten. Sobald die Flüssigkeit verdampft ist, an der Seite ein wenig kochendes Wasser nachgießen. Beifuß in die Soße legen. Nach 1 Stunde Bratzeit kann etwas Fett abgeschöpft werden. Den Braten wenden und immer wieder mit Bratfett begießen. Wenn der Braten fast gar ist, nicht mehr begießen, damit die Haut knusprig wird. Den Braten herausnehmen und auf einer heißen Platte warm halten. Das Fett abschöpfen, den Bratensaft mit etwas Wasser loskochen und mit kalt angerührtem Stärkemehl bind-

Den Beifuß herausnehmen. Zum Gänsebraten Klöße und Rotkraut servieren.

Zerlegen einer Gans:
Rings um die Keulen die knusprige Haut und das Fleisch einschneiden, mit der Geflügelschere die Knochen zertrennen. Dann das Brustfleisch in Streifen zerlegen. Nun den Faden der zugenähten Bauchöffnung entfernen. Äpfel und Beifuß herausnehmen. Die Gans muß heiß serviert werden, evtl. nach dem Zerlegen nochmal in den Ofen!

Gedünstete Gänsebrust

1 Gänsebrust, 5 Knoblauchzehen, Salz, 1 Prise gemahlener Ingwer, 100 g gewürfelter Speck, 1 gewürfelte Zwiebel, 3 Pfefferkörner, 2 Pimentkörner, 30 g Mehl.

Die Gänsebrust von Haut und Fett befreien, mit Knoblauch spicken, leicht salzen, Ingwer darüber, im zerlassenen Speck braten. Herausnehmen, Zwiebel im Fett bräunen. Wasser aufgießen, Gewürze dazu, weiterschmoren. Fleisch herausnehmen, Mehl im Saft anschwitzen, zur Soße kochen.

Gänsekeulen mit Erbsen

2 Gänsekeulen, Salz, 3 Knoblauchzehen, 1 Prise gemahlener Ingwer, 1 mittlere gewürfelte Zwiebel, 100 g gewürfelter Speck, 300 g gare Erbsen, 150 g gekochte Gräupchen.

Gänsekeulen mit in Salz geriebenem Knoblauch und Ingwer einreiben und halbieren. Zwiebel im Gänsefett glasig braten, Fleisch dazugeben, anbraten, mit Wasser schmoren. Ab und zu Saft aufgießen. Gares Fleisch herausnehmen. Im Saft den Speck zerlassen, Erbsen und Graupen darin erwärmen.

Entenklein

300 g Entenklein, Salz, Wurzelwerk, 40 g Butter, 40 g Mehl, 1 Eßl. gehackte Zwiebel, 1 Eßl. gehackte Petersilie.

Das Entenklein waschen, Füße brühen und Hornhaut abziehen. In $1^1/_2$ l gesalzenem Wasser mit Wurzelwerk kochen, die Brühe dann abgießen. Fleisch von den Knochen lösen, in Stücke, den Magen in Scheiben schneiden. Aus Margarine, Mehl, Zwiebel eine Schwitze bereiten, $^3/_4$ l Brühe auffüllen, Fleisch, Wurzelwerk und Petersilie hineingeben, erhitzen.

Kalbsbrust mit Fülle

2 kg Kalbsbrust, 70 g Butter, 2 Eier, 3 bis 4 Eßl. Semmelbrösel, 1 Brötchen, Milch, Salz, 1 Eßl. zerkleinerte Petersilie, 30 g Margarine, 1 Eßl. Öl.

Die Rippen aus der Kalbsbrust lösen, dann die Haut vom Fleisch, so daß eine Tasche entsteht. Butter, Semmelbrösel und das eingeweichte ausgedrückte Brötchen verrühren. Salz und Petersilie hinzutun. Masse in die Tasche füllen, mit Rouladennadeln verschließen. In Margarine und Öl braun braten.

Kümmel-Kotelett

4 Schweinekoteletts, Salz, Pfeffer, 2 Eßl. Mehl, 2 Eßl. Schmalz, 1 Eßl. Kümmel, 2 kleine Zwiebeln, 2 Knoblauchzehen, ½ l Instant-Fleischbrühe, ⅛ l saure Sahne, Senf.

Koteletts mit Salz und Pfeffer würzen, in Mehl wenden und im erhitzten Schmalz braten, dann warm stellen. Kümmel im Bratfett anschwitzen, Zwiebeln und Knoblauch schneiden, dazugeben. Koteletts darauflegen, Brühe auffüllen, zugedeckt garen. Soße mit Sahne und Senf würzen.

Lammspieße

*1 kg Lammfleisch, Salz,
2 Eßl. Senf, 2 kleine Zwiebeln,
Bratfett, 1/8 l saure Sahne,
1 Eßl. Mehl.*

Das abgespülte Fleisch abtrocknen, häuten, mit Salz einreiben, etwas Senf darüberstreichen, in Stücke schneiden und mit den Zwiebelscheiben wechselweise auf Spießchen ziehen. Im erhitzten Fett braten. Den Bratsatz mit kochendem Wasser lösen und mit dem in Sahne angerührten Mehl binden. Ohne Soße lecker zu Brot und Bratkartoffeln.

Sauerkraut mit Rauchfleisch und Kartoffeln

300 g frisches Sauerkraut, 50 g Speckwürfel, 1 Zwiebel, Salz, 1 Prise Zucker, 1 Apfel, 50 g Margarine, 500 g gekochte Kartoffeln, 300 g gekochtes Rauchfleisch, 1/5 l saure Sahne.

Sauerkraut zerkleinern, Speck zerlassen, darin die gehackte Zwiebel rösten. Sauerkraut, Salz, Zucker und den geraspelten Apfel dazu, dünsten. Sauerkraut, Kartoffelscheiben und Rauchfleischscheiben in eine Form geben, Sahne darüber, 40 Min. backen.

Schweinebraten in Bier

1 kg Schweinebraten,
Salz, schwarzer gemahlener
Pfeffer, 1 Teel. Kümmel,
1 große Zwiebel,
1 Knoblauchzehe,
1 Bund Suppengrün,
1 Tomate, 1 Stück Rinde von
altbackenem Roggenbrot,
3/8 l dunkles Bier.

Fleisch rundum mit Salz, Pfeffer und Kümmel einreiben, mit der Schwarte nach unten in die Kasserolle legen. Seitlich Wasser zugießen, ohne Deckel in den Ofen stellen. Bei 220 °C mindestens 40 Min. garen. Die

Zwiebel und den Knoblauch schälen, halbieren, das Suppengrün zerkleinern, mit der Tomate und der Brotrinde neben das Fleisch legen. 1/8 l Bier zugießen, weiter bei 220 °C 15 Min. braten. Dann das Fleisch wenden, nochmals 30 Min. braten. Das restliche Bier nach und nach zugießen, das Fleisch herausnehmen und auf dem Rost in 15 Min. knusprig braten. Die Soße pürieren bzw. durch ein Sieb geben, aufkochen, evtl. mit ganz wenig Mehl andicken. Das Fleisch aufschneiden und mit Knödeln servieren.

Nudelsalat mit Bratenfleisch und Pilzen

1 mittelgroße Zwiebel, 1 Knoblauchzehe, 200 g feine Waldpilze oder Zuchtchampignons, 2 Eßl. Salatöl, Saft von ½ Zitrone, 100 g gare grüne Erbsen, 250 g Teigwaren (Nudeln oder Makkaroni), Salz, 2 feste, aber reife Tomaten, 150 g durchwachsenes Bratenfleisch (Schwein) gar und gewürfelt, 1 Eßl. gehackter, frischer Dill, 1 Eßl. gehackte Petersilie, 40 g geriebener Käse.

Geschälte Zwiebel und Knoblauch kleinhacken. Die Pilze

putzen in Scheiben schneiden. Öl erhitzen, die Zwiebel darin 4 Min. dünsten. Knoblauch, Pilze und Zitronensaft unterrühren und weitere 3 Min. mitgaren lassen. Die Erbsen hineingeben, nochmals aufkochen. Warmstellen. Die Teigwaren in Salzwasser bißfest kochen. Vom Salzwasser 1/4 l abnehmen, die Nudeln abgießen und wieder in den Topf geben. Die noch warme Gemüsemischung unter die Nudeln rühren, die geachtelten Tomaten, das Fleisch und etwas Nudelwasser unterrühren. Mit Kräutern und Käse bestreuen.

Champignonbraten

750 g Schweinebraten, Salz,
30 g Bratfett, 1/4 l saurer Rahm,
300 g Champignons,
Pfeffer, 1 Eßl. Mehl.

Den Schweinebraten leicht salzen, in das erhitzte Bratfett geben. Zum garen Fleisch den sauren Rahm gießen und weiterkochen. Die geschnittenen Champignons in wenig Fett garen, leicht salzen und mit Pfeffer bestreuen. Zum Schweinefleisch geben und aufkochen. Das angerührte Mehl in der Soße 3 Min. aufkochen. Knödel dazu reichen.

Sommerfisch

500 g Fischfilet, 1 Zitrone,
Salz, 1 Eßl. Öl,
2 Eßl. Mayonnaise,
100 g Joghurt,
2 Eßl. frische gehackte Kräuter,
grüner Salat, 3 kleine Tomaten.

Das Fischfilet in Stücke teilen, säuern, salzen, in das erhitzte Öl legen und zugedeckt gar dünsten. Mayonnaise, Joghurt, Zitronensaft und Kräuter miteinander verquirlen. Den vorbereiteten grünen Salat mit der Soße übergießen. Den Fisch mit den in Scheiben geschnittenen Tomaten garnieren.

Backfisch

1 nicht zu großer Karpfen,
Salz, 3 Eßl. Mehl, 1 großes Ei,
Semmelbrösel zum Panieren,
40 g Schmalz oder Öl zum
Braten.

Karpfen schuppen und aufschneiden. Kopf und Innereien entfernen, gut auswaschen. Den Fisch in etwa zweifingerdicke Stücke schneiden, über Nacht kühl stehen lassen. Abtrocknen, leicht salzen, in Mehl und dem zerquirlten Ei wenden, mit Semmelbrösel panieren. Den Fisch in Bratfett knusprig backen.

Champignonsoße

150 g frische Champignons,
40 g Butter,
1 Eßl. Mehl,
1/8 l Instant-Fleischbrühe,
1 Prise Pfeffer,
3 Eßl. saurer Rahm,
einige Tropfen Zitronensaft.

Champignons reinigen, schneiden und in der Hälfte der Butter dünsten. Das Mehl mit der Restbutter anschwitzen. Zu den Champignons die kalte Fleischbrühe geben und mit der Mehlschwitze verrühren. Aufkochen, Rahm hinzu, mit Zitronensaft abschmecken.

Süß-saure Soße

400 g Pflaumen,
6 Gewürzkörner,
3 Nelken, Salz, Essig,
4 Pfefferkuchen,
30 g Butter,
2 Eßl. Mehl,
2 Eßl. Rosinen,
6 süße gehackte Mandeln,
Zucker.

Die Pflaumen entsteinen und mit wenig Wasser kochen, gut durchrühren. In 3/4 l Wasser die Gewürze, etwas Salz und 2 Eßl. Essig etwa 8 Min. kochen. Inzwischen die Pfefferkuchen in ein wenig Wasser einweichen und zusammen mit einer aus der Butter und dem Mehl hergestellten Einbrenne in das Gewürzwasser geben. Gut durchkochen, die Pflaumen dazugeben, wieder aufkochen lassen und durchpassieren. Nun die Rosinen und Mandeln hinzugeben, mit Zucker und evtl. mit etwas Salz nachwürzen. Kräftig aufkochen! Die Konsistenz der Soße soll nicht zu dick, aber auch nicht zu flüssig sein! Mit etwas Wasser ausgleichen.

Hagebuttensoße

30 g Butter, 2 Eßl. Mehl, etwa 1/3 l Rinderfleischbrühe (Instant), 4 Eßl. Hagebuttenmarmelade, 2 bis 3 Eßl. Bratensaft, 3 Eßl. Rotwein.

Aus der Butter und dem Mehl eine Schwitze bereiten, mit der Fleischbrühe auffüllen, kochen lassen. Die Hagebuttenmarmelade unterquirlen, etwas Bratensaft von Schwein oder Rind dazu, alles stark erhitzen und vom Feuer nehmen. Den Rotwein hinzufügen. Schmeckt vorzüglich zu einem kräftig gewürzten Braten.

Saure Suppe

3 gestrichene Eßl. Mehl, 30 g Hefe, etwa 50 g Brotrinde, 20 g getrocknete Pilze, Salz, Kümmel, 1 Zwiebel, 40 g Butter, 4 mittelgroße Kartoffeln.

In $^{1}/_{2}$ l lauwarmem Wasser die mit dem Mehl bestreute Hefe aufgehen lassen. Die Brotrinde zufügen und im warmen Raum mehrere Stunden stehen lassen. Die Pilze mit Salz und Kümmel in $^{1}/_{2}$ l Wasser kochen, das Hefestück und die Zwiebel dazu. Die kleingewürfelten Kartoffeln in der Suppe kochen oder heiß gesondert reichen.

Apfelsuppe

500 g nicht zu reife Äpfel,
1 Zweig Zitronenmelisse,
2 Eßl. Stärkemehl oder Grieß,
40 g Zucker, 1/8 l Weißwein,
1 Prise Zimt.

Äpfel waschen und zerschneiden. Die Apfelstücke und die Zitronenmelisse mit 3/4 l Wasser ansetzen, weichkochen, durchschlagen und nochmals aufkochen. Die Suppe mit Stärkemehl binden und mit Zucker abschmecken. Kräftig aufkochen. Weißwein und eine Prise Zimt hinzufügen, erhitzen, aber nicht aufkochen lassen!

Gemüsepudding

3/8 l Milch, 50 g Mehl,
40 g Butter, 6 Eier,
140 g geriebener Käse, Salz,
1/2 Kalbshirn,
50 g Margarine,
50 g Erbsen,
50 g Spargelspitzen,
50 g Blumenkohl,
50 g Möhren,
50 g Steinpilze,
50 g Paprika.

Milch, Mehl und leicht erwärmte Butter miteinander vermischen und langsam zum Kochen bringen. Abkühlen lassen, die Eier und 40 g geriebenen Käse unterrühren. Das Kalbshirn in der Margarine leicht rösten, zerkleinern. Die verschiedenen Gemüse zerkleinert garen, gut mit der Milch-Mehl-Eier-Masse und dem Kalbshirn verrühren und in eine gefettete Auflaufform geben. Diesen Pudding in einem Wasserbad – bei geschlossenem Deckel der Auflaufform – mindestens ¼ Stunde garen und fest werden lassen. Deckel entfernen, den restlichen Käse gut auf dem Pudding verteilen und das ganze noch einmal etwa ¼ Stunde weiter überbacken lassen.

Bohnen-Birnen-Eintopf

150 g Rauchfleisch, 500 g grüne Bohnen, 250 g Kartoffeln, 25 g Kochbirnen, Salz, abgeriebene Schale einer Zitrone, 1/2 l Brühe, frisches Bohnenkraut.

Mit dem in schmale Streifen geschnittenen Rauchfleisch einen Topf auslegen. Die vorbereiteten Bohnen, Kartoffeln und Birnen in Stücke und Würfel schneiden, abwechselnd mit wenig Salz und Zitronenschale einschichten. Die mit dem Bohnenkraut aufgekochte Brühe zugießen, gut bedeckt garen.

Blumenkohl in Bechamelsoße

1 Blumenkohl, Salz, 80 g Butter, 50 g Mehl, ¼ l Milch, 2 Eigelb, 1 Eßl. gehackte Petersilie, 30 g geriebener Käse.

Blumenkohl putzen und 10 Min. in Salzwasser kochen. In Röschen zerlegen und kalt werden lassen. Eine feuerfeste Form einfetten, Röschen hineinlegen. Aus Butter und Mehl eine Schwitze bereiten, mit Milch auffüllen und zu einer Soße kochen. Salzen, die verquirlten Eigelb einrühren, Petersilie dazu. Die Soße über den Blumenkohl geben, mit Käse überbacken.

Bohneneintopf mit Schweinsohren

500 g weiße Bohnen, 500 g Schweinsohren, Salz, 75 g Speck, 2 kleine Porreestangen, 4 mittelgroße Kartoffeln, Pfeffer, Majoran.

Die in 1 $^{1}/_{2}$ l Wasser geweichten Bohnen mit dem Einweichwasser und mit den gesäuberten Schweinsohren ansetzen, salzen, weich kochen. Im zweiten Topf den kleingeschnittenen Speck auslassen, darin Porreestreifen und rohe Kartoffeln dünsten. Gares Fleisch würfeln, alles zusammengeben, würzen.

Gemüsetopf

800 bis 1000 g verschiedenes Gemüse (Möhren, Erbsen, Pilze usw.), 2 Zwiebeln, 150 g durchwachsener Speck, 2 Stengel Majoran, 2 Eßl. Öl, Salz, Pfeffer, 1 Prise Zucker, 150 ml Instant-Gemüsefonds.

Gemüse putzen, zerkleinern, Speck in Streifen schneiden, anbraten, aus dem Fett nehmen und abtropfen lassen. Zwiebeln glasig braten, Gemüse dazu, dünsten. Mit Salz, Pfeffer und Zucker würzen, Gemüsefond zugießen, zugedeckt garen. Speck und Majoran unterziehen.

Mais in Sahne

600 g gegarte Maiskörner, Salz, 15 g Zucker, 3 Eßl. Milch, 0,2 l süße Sahne, 120 g Butter, 20 g Mehl, 5 cl Weißwein, 2 Eigelb, 0,1 l süße Sahne.

Den sehr zarten Mais mit etwas Salz und Zucker abschmecken, in Milch, süßer Sahne, der Hälfte der Butter und dem Wein aufkochen. Die übrige Butter kalt mit dem Mehl verkneten, in den kochenden Mais krümeln. Mais abkühlen, die mit der Sahne verquirlten Eigelb unter Rühren zum Mais geben. Zum Brathuhn reichen.

Gemüsesalat

2 große Tomaten, 2 Zwiebeln, 3 Eßl. gegarte Maiskörner, 1 Paprika, 200 g Thunfisch, 2 Eßl. zerkleinerter Dill oder Petersilie, Salz, 3 Eßl. Sonnenblumenöl, 1 Eßl. Weinessig, 2 Eßl. Wasser.

Tomaten schneiden, Zwiebeln schälen, schneiden und über die Tomaten geben. Paprikawürfel und Mais darüber. Den abgetropften Fisch zerpflücken und in der Mitte verteilen. Gewürze und Salz dazu. Essig mit Wasser verdünnen und mit Öl über den Salat tropfen.

Pudding mit Früchtesoße

½ l fette Milch, 1 Pudding-pulver (Sahne/Vanille), 4 Eßl. Zucker, je 50 g entkernte Sauerkirschen, rote und schwarze Johannisbeeren, Him- oder Brombeeren, 10 bis 15 g Kartoffelmehl.

Pudding kochen, in hohe Form geben, kalt stellen. Obst mit Wasser ansetzen, kochen, Zukker dazu. Kartoffelmehl mit Wasser anrühren, in das kochende Obst geben. Aufkochen und abschmecken. Gestürzten Pudding mit Soße übergießen.

Bublanyna (Kirschpfanne)

*1 ½ l Milch, 300 g Mehl, 2 Eier,
2 Eßl. Zucker, 1 Prise Salz,
30 g Butter, 20 g Butterschmalz,
1 kg entkernte Kirschen,
150 g geriebener Lebkuchen,
1 Päckchen Vanillezucker,
30 g Zucker.*

Milch, Mehl, Eier, Zucker und Salz verrühren. Pfanne mit Butter und Butterschmalz fetten, Teig hinein. Kirschen nebeneinander darauf! Obenauf den mit Zucker vermischten Lebkuchen streuen. Etwas erwärmte Butter und Vanillezucker darübergeben. 1 Stunde backen.

Quarknocken

70 g Butter, 1 Prise Salz,
400 g dünn gerührter Quark,
4 Eier, 1/3 l Milch,
griffiges Mehl,
30 g geriebener Pumpernickel,
70 g Butter zum Begießen.

Die Butter mit Salz, Quark und Eiern verrühren. Nach und nach Milch und soviel Mehl hinzugeben, daß der Teig weich bleibt. Teig kneten, mit einem vorher in kaltes Wasser getauchten Löffel Nocken abstechen, diese in kochendes Wasser geben. 10 Min. garen, bis sie schwimmen. Nocken abtropfen,

Pumpernickel und zerlassene Butter darübergeben.

Schneebälle

4 Eigelb, 4 Eßl. süßer Schmand, 1 Prise Salz, 1 Eßl. Zucker, Mehl, soviel die Eigelb annehmen, Schmalz zum Ausbacken.

Eigelb, Schmand, Salz und Zucker gut verrühren. Langsam Mehl hinzugeben, bis der Teig sich austreiben läßt. Nicht zu dick austreiben, kleine Quadrate schneiden, in der Mitte ein- oder zweimal durchradeln und in heißem Fett ausbacken.

Tips zum böhmischen Kochen

In manchen Rezepten wird *griffiges oder halbgriffiges Mehl* angegeben. Es handelt sich dabei um Mehlsorten, die aus besonders hartem Weizenkorn grob gemahlen werden. Steht dieses Mehl nicht zur Verfügung, kann auch normales Mehl verwendet werden, oder man fügt dem Mehl noch ein bis zwei Eßlöffel feinen Grieß hinzu.

Wer gern *Buchteln* ißt, sollte sich eine Buchtelform anschaffen. Buchteln werden in solcher Form besonders locker.

Knödel werden nicht mit dem

Messer zerschnitten! Man nimmt einen Garnfaden dazu und trennt die einzelnen Scheiben von dem Knödellaib ab.

Vanillezucker stellt man am besten selbst her, er hat eine viel stärkere Würzkraft als der gekaufte. Man kratzt eine Vanilleschote aus und vermischt dieses Mark gut mit Zucker.

Verwenden Sie nicht zu „trokkenes“ *Schweinefleisch,* wenn Sie böhmisch kochen! Gut durchwachsen soll es sein, dann schmeckt Schweinebraten besonders gut zu Knödeln und Kraut.

Rohkost ist für böhmische

Küche nicht traditionell. Ergänzend zu den Speiseempfehlungen sind rohes Obst und Gemüse zu servieren.

Strudelteig benötigt Ruhe. Er will 30 Minuten „schlafen“, ehe er mit dem Nudelholz traktiert wird. Ein Tuch fein bemehlen, den Teig langsam breit so ausrollen, daß ein längliches Viereck entsteht.

Der Belag darf nicht zu dick aufgetragen werden. Den Teig zu einer Rolle übereinanderschlagen, vorsichtig auf das Backblech heben. Den Strudel mit Eigelb bestreichen, nicht zu rasch braun backen.

Rezeptverzeichnis

Minibüchlein - lieferbare Titel:

Kochbüchlein

Apfelessig-Büchlein •
Astro-Rezepte •
Aufläufe – herzhaft + süß •
Das besondere Backbüchlein •
Bierbüchlein • Böhmisches
Kochbüchlein • Brotbüchlein •
China-Kochbüchlein •
Gebackene Desserts • Gelee,
Konfitüre & Co. • Gemüse-
büchlein • Gemüseraritäten •
Gewürzbüchlein • Grillbüchlein
• Italien-Kochbüchlein •
Kartoffelbüchlein •
Kinderlieblingsrezepte •
Kloß- und Knödelbüchlein •
Kochbüchlein Berlin &
Mark Brandenburg •
Kochbüchlein Lausitz • Kochbüch-
lein Mecklenburg-Vorpommern •

Kochbüchlein Rheinland • Kochbüchlein Sachsen • Kochbüchlein Sachsen-Anhalt • Kochbüchlein Schwaben • Kochbüchlein Schweiz • Kochbüchlein Thüringen • Kochbüchlein USA • Kraut + Rüben • Küchenkräuterbüchlein • Mond-Drinks • Nudeln, Spaghetti & Co. • Obstbüchlein • Obstexoten • Osterbüchlein • Ostpreußisches Kochbüchlein • Pfefferkuchenbüchlein • Polen-Kochbüchlein • Quarkbüchlein • Salate – ganz knackig • Schlankes Kochbüchlein • Schlesisches Kochbüchlein • Schnellkochbüchlein • Teevergnügen • Ungarn-Kochbüchlein • Vegetarisches Kochbüchlein • Verführkochbüchlein • Weinbüchlein • Würzige Knabbereien-

Pflanzenbüchlein

Balkonfreuden • Blütenbüchlein • Heilpflanzenbüchlein • Pilzbüchlein • Wildfrüchtebüchlein • Wildkräuterbüchlein

Der besondere Band

ABC der Zimmerer • Flirt, Flirt · Flotte Sprüche • Erzgebirgisches Weihnachtsbüchlein • Frühlingsbüchlein • Goethe-Zitate • Herbstbüchlein • Katzenbüchlein • Lippen locken... • Ostereierbüchlein • Puppenbüchlein • Schnupfenbüchlein • Sommerbüchlein • Wetter- & Bauernregelbüchlein • Winterbüchlein

Buch Verlag für die Frau
Postfach 100348 · 04003 Leipzig